Mes Cop's PARTY

Activités et photographies
Brigitte Carrère

Dessins
Philippe Fenech

Scénario
Christophe Cazenove

Couleurs BD
Annelise Sauvêtre

BAMBOO ÉDITION

Il y a mille et une raisons de faire la fête : un anniversaire, le début des vacances, le retour d'une copine ou juste l'envie d'être à plusieurs… Il y a aussi mille et une façons de l'organiser : au dernier moment, trois semaines à l'avance, somptueusement, très simplement… Le plus important dans tout ça ? C'est surtout de s'amuser. Avant, pendant et même après. Super facile en suivant les conseils que j'ai rassemblés ici. Et pour ne garder ensuite que de bons souvenirs, on respecte les règles de sécurité : le four, les plaques chauffantes, les couteaux… sont à manipuler avec précaution, toujours sous la surveillance d'un adulte.

**Tout est prêt ?
Alors on se lance,
et on prépare ensemble
la plus cool
des fêtes de cop's !**

Sommaire

QUI INVITER, QUI ÉVITER ?
Page 3

LE PLATEAU TÉLÉ
Page 19

LE GÂTEAU SUPRÊME
Page 35

DES JEUX FOUS, FOUS, FOUS !
Page 7

BAR À PANCAKES
Page 23

DÉCOR DE TABLE
Page 39

LES BOISSONS
Page 11

DES DOUCEURS POUR UNE SWEET TABLE
Page 27

CHANGEMENT DE DÉCOR
Page 43

SOIRÉE PIZZA
Page 15

UNE FÊTE À FAIRE PEUR
Page 31

SUPER ORGANISATION POUR UNE FÊTE TROP COOL
Page 47

Qui inviter, qui éviter ?

Qui inviter, qui éviter ?

C'est LA question ! Il ne faut vexer personne, mais on ne peut pas recevoir tout le monde… compliqué !
Il y a celles et ceux pour lesquels aucun doute n'est permis (on les aime trop ! Ou au contraire, pas du tout…) et puis il y a les autres. Ceux qui n'invitent jamais mais qu'on aime bien quand même, ceux qui critiquent sans arrêt, ceux qui ne connaissent pas le reste du groupe, sans compter les ennemis des amis, ou les amis des ennemis…

MATÉRIEL

Pour 1 invitation-cupcake :

- 1 feuille un peu épaisse, format A5 avec motifs
- 1 feuille un peu épaisse, format A5 blanche
- feutres de couleur
- ciseaux

ALORS, COMMENT CHOISIR ?

En fait, la règle, c'est… qu'il n'y a pas de règles. De toute façon, le choix ne sera jamais parfait, ne serait-ce qu'en raison du nombre limité de places. Alors autant se faire plaisir ! On invite donc selon son envie, sans contrainte, sans prise de tête.

♥ **On n'hésite pas à mélanger les genres :** ils écoutent des musiques différentes ? Ils ne se sont jamais vus ? Tant pis (ou tant mieux !). Ils ont tous un point commun, ils apprécient l'héroïne de la fête. Ça crée des liens… Et puis ceux qui n'aiment pas faire des efforts pour s'adapter ne viendront pas.

♥ Gaëlle ne supporte pas Clothilde, Lucie adore Romane qui s'est disputée avec Rokhaya… dans ces conditions, comment éviter les erreurs de casting ? En fait, c'est impossible. **La solution : jouer cartes sur table et dire clairement à tous qui est invité.** Chacun décidera ! On évite quand même celui ou celle qu'on apprécie moyennement et qui s'est fâchée avec tous les autres…

L'INVITATION

♥ **Par oral ?** C'est direct, simple et rapide. Mais facilement oublié… Il est préférable de compléter par un message écrit.

♥ **Par message ?** Un texto et hop, c'est fait. Attention à bien mettre toutes les indications ! Un e-mail, pourquoi pas, mais tout le monde ne regarde pas régulièrement sa messagerie… À vérifier donc ! On peut même créer pour l'occasion une e-card, il suffit d'aller sur un site proposant gratuitement ce type de service.

♥ **Par l'intermédiaire d'un réseau social ?** Pas mal aussi, mais attention à bien « fermer » le groupe. Pas question de se retrouver avec une foule d'inconnus ! Penser également à demander une réponse…

♥ **Celle que l'on préfère ?** La vraie, la carte qui a été préparée avec soin puis glissée dans une enveloppe. Et qui restera ensuite un joli souvenir.

LE MODÈLE CUPCAKE

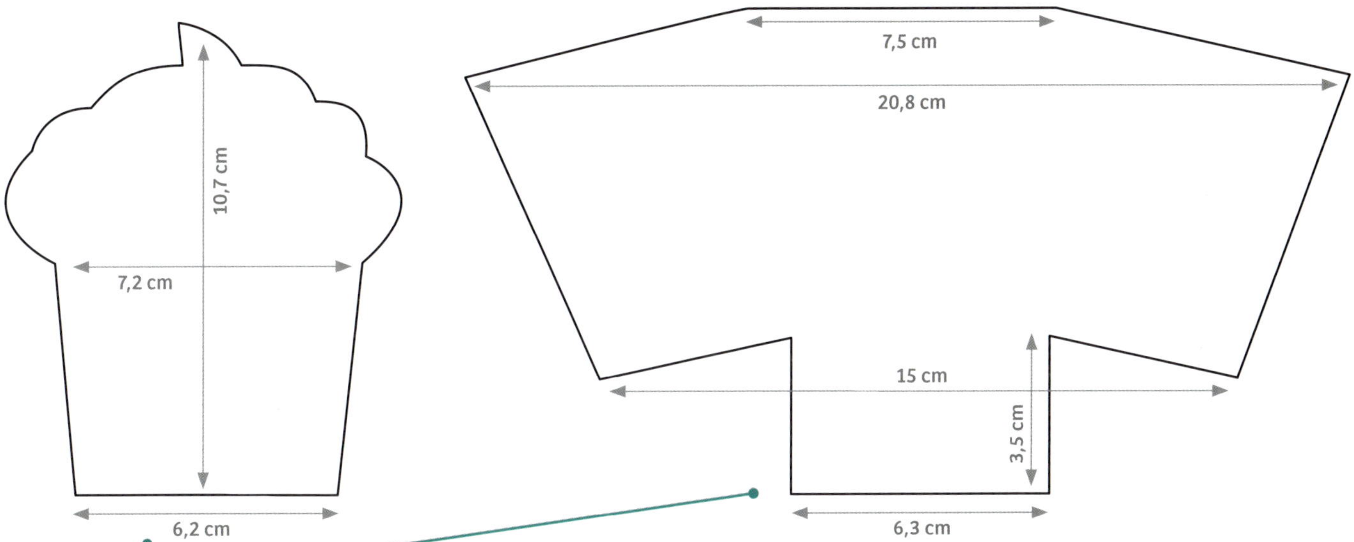

Étape 1

Reproduis ces patrons en respectant à peu près les dimensions indiquées : le cupcake sur le papier blanc et la caissette sur le papier à motifs.

Étape 2

Découpe les deux éléments.

Étape 3

Complète le cupcake en dessinant des décorations multicolores et en y ajoutant les informations utiles. Tu peux creer d'autres modèles d'invitation-cupcake en choisissant de nouveaux motifs.

Le final

Ce modèle « cupcake » peut être décliné selon ton inspiration.

Les conseils en +

→ **Combien d'invités ?**
Tout dépend de la taille de la pièce. Dans un salon, une quinzaine de personnes au maximum, c'est raisonnable. Au-dessus, le groupe devient plus difficile à gérer.

→ **Quand lancer les invitations ?**
Il faut en parler le plus tôt possible (un mois avant par exemple). Ensuite, l'invitation peut être envoyée 15 jours avant, pour confirmer ou rappeler l'événement.

UNE AUTRE VERSION UN PEU DIFFÉRENTE...

Remplace la caissette du cupcake par une forme de chat (ou dessine un autre animal). Le carton d'invitation devient alors un simple rectangle.

QUI EST-CE QU'IL Y AURA À TA FÊTE, JESS ?
PFOUH ! C'ÉTAIT TENDU, CETTE ANNÉE, CHRISTIE !
COMME ÇA SE PASSE DANS LE GARAGE DE MES PARENTS ET QUE C'EST UN PEU SERRÉ, J'AI PRÉPARÉ JUSTE POUR 8 PERSONNES ! MAIS JE CROIS QUE J'AI ÉTÉ BONNE DANS MES INVITATIONS !
TOUTES LES COP'S QUI SERONT LÀ S'ENTENDENT, S'APPRÉCIENT, ET PARFOIS MÊME SONT SUPER AMIES ! JE SUIS ARRIVÉE À L'ÉQUILIBRE PARFAIT, UHUH !
JE PEUX JETER UN ŒIL ?
C'EST PAS SI FACILE QUE ÇA DE RÉUNIR HUIT FILLES QUAND TU SAIS QU'UNE TELLE NE PEUT PAS SENTIR TELLE AUTRE ET QUE CELLE-CI EST LA PIRE ENNEMIE DE CELLE-LÀ ! T'IMAGINES LE CASSE-TÊTE, QUOI !
EUH... PAR CONTRE...
... ON EST NEUF DANS TA LISTE, JESS !
COMMENT ÇA NEUF ?!!
LA LOSE ! NEUF ! IL FAUT QUE JE DÉGAGE UNE COP ! MAIS SI J'ÉCARTE LALY, KARINE NE VOUDRA PLUS VENIR ET MÉLANIE A DÉJÀ PRÉVENU SANDRINE QU'ELLE ÉTAIT INVITÉE !
PAREIL POUR CÉCILE, DÉJÀ QUE JE L'AI ZAPPÉE À MA DERNIÈRE FÊTE...
BIG CAUCHEMAR ...
BEN... JE NE VOIS QU'UNE SOLUCE...
BON ANNI JESSICA
SÉRIEUX ? JESS NE S'EST PAS INVITÉE À SA PROPRE FÊTE ?
C'EST UNE QUESTION D'ÉQUILIBRE, KARINE !

Des jeux fous, fous, fous !

Des jeux fous, fous, fous !

Pas toujours facile de trouver l'animation qui va bien. Alors on fait le plein d'idées pour choisir celle qui plaira à tous et qui mettra de l'ambiance à coup sûr.

MATÉRIEL

Le Charlie Charlie Challenge

- 1 feuille, format A5
- 2 crayons de papier
- 2 feutres de couleur différente

Le jeu des petits secrets

- 2 fois plus de (vieilles) cartes que d'invités + 4 pour la variante
- feuilles
- ciseaux, stylos
- adhésif double face

Le jeu des marshmallows

- 1 paquet de marshmallows
- 1 saladier

La boîte mystère

- 1 bandeau
- 1 grande boîte
- plusieurs petits bols
- différents objets de consistance variée

Les histoires à faire peur

- 1 lampe de poche
- 1 ou 2 feuilles
- ciseaux, stylo
- 1 bocal

LE CHARLIE CHARLIE CHALLENGE

Le principe : on invoque l'esprit de « Charlie » pour répondre à des questions. Exemple : « Est-ce que Jess est toujours copine avec Mélanie ? »

RÉALISATION :

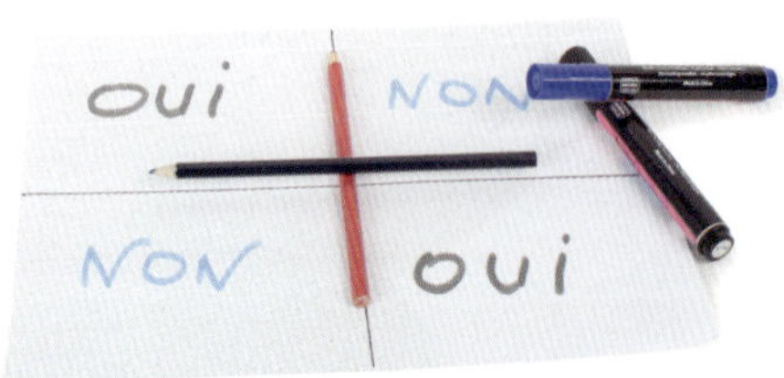

Étape 1 : Trace une croix sur une feuille. Écris 2 fois oui et non aux quatre angles. Pose 2 crayons en croix au milieu de la feuille, l'un au-dessus de l'autre. Le crayon du dessus indiquera la réponse.

Étape 2 : Les participants se mettent autour de la feuille, demandent à Charlie s'il est là puis lui posent la question. Avec un peu de chance, le crayon tournera et indiquera la réponse…

Petite précision utile : ce jeu est évidemment une blague, le crayon bouge (ou pas !) simplement parce qu'il est en équilibre instable. Mais l'effet est amusant et les frissons garantis.

LE JEU DES PETITS SECRETS

Le principe : les invités devront deviner qui se cache derrière un secret (ou un défaut).

RÉALISATION :

Étape 1 : Fixe à l'adhésif double face (plus facile à enlever) un rectangle de papier blanc sur le recto d'une vieille carte. Prépare ainsi 2 fois plus de cartes que d'invités.

Étape 2 : Au début du jeu, chaque joueur écrit sur une carte un secret qui le concerne (ce peut être un défaut) en essayant de modifier son écriture. Il fait cela 2 fois. Puis les cartes sont réunies et mélangées.

Étape 3 : Au moment de jouer, chaque invité tire une carte à son tour (si c'est une des siennes, il la remet) et la lit. Il devra deviner à qui elle se rapporte. 1 point est attribué lorsque la réponse est bonne.

Variante : l'animateur du jeu aura préparé 4 ou 5 cartes à l'avance sur lesquelles il aura inscrit des défauts plutôt marrants ou gênants comme : « je me lave rarement les cheveux », « je suce mon pouce pour m'endormir », « je me trouve très moche »… et les remplace discrètement par autant de vraies cartes. Qui va être désigné ? Les réactions peuvent être drôles… Attention toutefois aux susceptibilités !

LE JEU DES MARSHMALLOWS

Le principe : parvenir à dire une phrase avec le plus possible de marshmallows dans la bouche.

RÉALISATION :

Étape 1 : Chacun met à son tour un marshmallow dans la bouche et dit une phrase simple (exemple : « J'adore les marshmallows. »). Puis il en rajoute un, dit à nouveau la phrase et ainsi de suite.

Étape 2 : Celui ou celle qui n'y arrive plus est éliminé. Le dernier encore en jeu a gagné.

Conseil : préparer un petit bol par personne pour éviter que les marshmallows soient recrachés n'importe où !

Fous rires assurés...

LA BOÎTE MYSTÈRE

Le principe : il faut reconnaître, les yeux bandés ou dans le noir complet, des objets disposés dans des petits bols eux-mêmes placés dans une grande boîte. Si on a du courage, on peut goûter les objets.

RÉALISATION :

Étape 1 : Prépare dans des petits bols différents objets étranges, gluants, froids ou encore avec une odeur forte. Par exemple, des pâtes au ketchup, des bâtons de cannelle, des glaçons, de la farine avec un quartier de clémentine au milieu, du yaourt, des rondelles de banane, de la ouate ou des plumes...

Étape 2 : Place deux ou trois bols dans la boîte. Bande les yeux d'un de tes invités (ou fais le noir complet) et demande-lui de plonger la main à l'intérieur de la boîte pour deviner chacun des objets. Puis, alterne avec quelqu'un d'autre.

Astuce : présente des consistances bien différentes pour troubler les joueurs.

LES HISTOIRES À FAIRE PEUR

Le principe : chacun raconte une histoire la plus effrayante possible en commençant par une phrase imposée.

RÉALISATION :

Étape 1 : Prépare autant de bandes de papier que d'invités (ou plus si tu veux que ça se prolonge). Inscris sur chacune d'elles une ligne d'introduction à une histoire. Ce peut être quelque chose de typique des histoires qui font peur (« Par une nuit froide et brumeuse... », « Cette petite maison isolée paraissait sympathique... De jour. ») ou plus original (« On ne se méfie jamais assez des robots de piscine... » ou « Avez-vous déjà croisé le gant aux 6 doigts ? »).

Étape 2 : Place ces papiers pliés dans un bocal. Les invités s'installent dans la pénombre, en cercle. Chacun tire au sort un papier, le lit et continue l'histoire en inventant la suite. La plus effrayante a gagné. Petit plus : on s'éclaire avec une lampe de poche. Et si on l'éteint à la fin de l'histoire et la rallume brusquement en éclairant le visage par-dessous (en ajoutant un cri effrayant), ça fonctionne encore mieux !

Les petites idées en +

L'imagination n'a pas de limites. On peut inventer des tonnes de jeux à partir des modèles donnés. En voici d'autres :

➜ **le photobooth** (avec des accessoires préparés à l'avance) :
Seul, à deux, en groupe, on s'isole pour faire des photos marrantes. On n'oublie pas de mettre en commun toutes ces œuvres d'art !

➜ **le karaoké :**
Avec un micro, c'est mieux, mais même sans, on s'amuse toujours... Il faut juste crier un peu plus ! Il existe de nombreuses vidéos sur Internet qui proposent des chansons avec les paroles.

➜ **le Time's Up :**
C'est un jeu qui plaît toujours. On peut le fabriquer soi-même (des modèles sont disponibles sur le Net).

➜ **la grande feuille blanche sur laquelle chacun écrit ou dessine (super souvenir) :**
Il suffit de préparer des feutres, un coin de table un peu à part et de rappeler aux invités de penser à laisser un message.

➜ **le minithéâtre :**
On tire au sort qui et quoi (la situation, les protagonistes) et, par groupe de 2 ou 3 il faut inventer une scénette assez courte. Par exemple : situation => coincé dans un ascenseur , protagonistes => une grand-mère et un voyou.

➜ **le maquillage à l'aveugle :**
Yeux bandés, on doit maquiller sa ou son partenaire. Pinceaux, rouge à lèvres, fard à paupières et blush suffisent. On n'oublie pas le démaquillant...

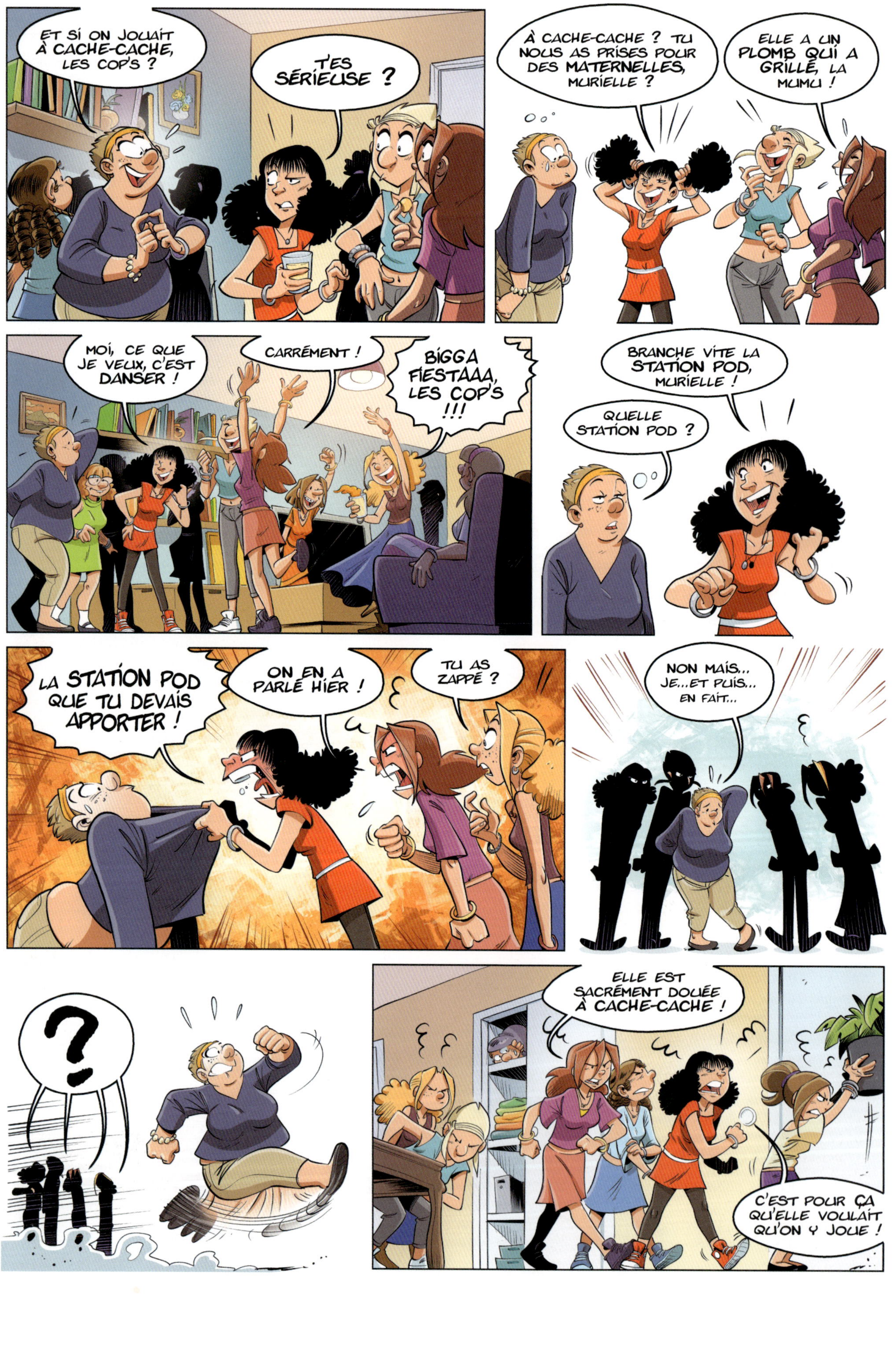

ET SI ON JOUAIT À CACHE-CACHE, LES COP'S ?
T'ES SÉRIEUSE ?
À CACHE-CACHE ? TU NOUS AS PRISES POUR DES MATERNELLES, MURIELLE ?
ELLE A UN PLOMB QUI A GRILLÉ, LA MUMU !
MOI, CE QUE JE VEUX, C'EST DANSER !
CARRÉMENT !
BIGGA FIESTAAA, LES COP'S !!!
BRANCHE VITE LA STATION POD, MURIELLE !
QUELLE STATION POD ?
LA STATION POD QUE TU DEVAIS APPORTER !
ON EN A PARLÉ HIER !
TU AS ZAPPÉ ?
NON MAIS... JE... ET PUIS... EN FAIT...
?
ELLE EST SACRÉMENT DOUÉE À CACHE-CACHE !
C'EST POUR ÇA QU'ELLE VOULAIT QU'ON Y JOUE !

Les boissons

INGRÉDIENTS

La presque-sangria
Pour environ 2 l de boisson :

- 1 citron jaune
- 1 citron vert
- 1 orange
- 75 g de groseilles
- 100 g de fraises
- 1 pomme (ou 1 pêche, selon la saison)
- 2 verres de jus de fraise
- 1 verre de jus de pomme
- 3 verres de jus de raisin
- 4 verres d'eau pétillante
- 2 branches de menthe

Le thé glacé
Pour 1 l de boisson :

- 1 l d'eau
- 3 sachets de thé ou 10 g de thé en vrac
- 30 g de sucre
- 1 citron

L'eau aromatisée
Pour 1 l de boisson :

- ½ citron
- 1 tronçon de concombre
- 1 l d'eau

La limonade de framboise
Pour 1 l de boisson :

- 250 g de framboises
- 4 cuil. à soupe de sucre
- le jus d'1 citron
- 60 cl d'eau pétillante
- quelques feuilles de menthe
- glaçons

Les boissons

De l'eau, d'abord et surtout. Plate, gazeuse, fraîche, tempérée. Et puisque c'est la fête, on rajoute aussi du coloré, du savoureux, du rafraîchissant...

LA PRESQUE-SANGRIA

Étape 1 : Rince puis coupe les fruits en tranches ou en gros morceaux (sauf les groseilles).

Étape 2 : Mets tous les fruits coupés et les grains de groseille dans un grand saladier. Ajoute les 3 jus de fruits et les feuilles de menthe. Garde au frais.

Étape 3 : Juste avant de servir, ajoute l'eau pétillante bien fraîche.

LE THÉ GLACÉ

Étape 1 : Fais bouillir l'eau. Hors du feu, mets les sachets de thé (ou le thé en vrac), couvre, laisse infuser 3 min, pas plus pour éviter l'amertume.

Étape 2 : Retire les sachets (ou filtre à travers une passoire). Verse le sucre, mélange. Laisse refroidir.

Étape 3 : Verse dans une carafe. Presse la moitié du citron, coupe le reste en demi-quartiers. Ajoute-les. Garde au frais.

L'EAU AROMATISÉE

Étape 1 : Coupe 3 tranches de citron. Recoupe-les encore en 2. Coupe 3 rondelles de concombre.

Étape 2 : Mets-les dans une carafe avec l'eau. Laisse infuser au frais pendant au moins 2 h. Pour la conserver 3 à 4 jours (au frais), ajoute 5 gouttes de jus de citron.

LA LIMONADE DE FRAMBOISES

Étape 1 : Place une passoire remplie de framboises au-dessus d'un saladier. Écrase bien les fruits en appuyant avec le dos d'une louche.

Étape 2 : Verse le sucre, le jus de citron et le jus de framboise dans une carafe, mélange. Couvre et garde au frais.

Étape 3 : Juste avant de servir, ajoute l'eau pétillante et des glaçons.

Les petites infos en +

- Quelle quantité ? En moyenne, on compte 1 litre de boisson pour 4 personnes. Mais tout dépend de la température, de l'activité, du temps que va durer la fête...
- Les fruits de toutes ces boissons vont infuser, parfois avec leur peau. Les produits bio sont donc à privilégier.
- Ce thé glacé est bien meilleur que celui du commerce. Pour plus de goût, on peut ajouter 2 pêches coupées, des herbes aromatiques (menthe, basilic, citronnelle) ou des épices (gingembre, anis étoilé).
- Pour « déthéiner » le thé (diminuer la théine qui peut énerver), on l'infuse 10 s. dans un peu d'eau bouillante que l'on jette, puis on l'utilise normalement.

LIMONADE OU CITRONNADE ?

Habituellement, la limonade est à base d'eau gazeuse et la citronnade d'eau plate. Mais dans certains pays, aux États-Unis et au Canada par exemple, la limonade ne pétille pas. Comme celle-ci, la limonade américaine ou citronnade :

Verse 50 g de sucre dans un grand récipient. Ajoute ¼ de l d'eau tiède et mélange. Verse le jus de 3 à 4 citrons puis ¾ de l d'eau. Mélange encore. Garde au frais.

COUCOU, LES COP'S !
C'EST QUOI QUE VOUS BUVEZ ? TROP STYLÉ !
DES COCKTAILS DE JUS DE FRUITS AVEC DES COLORANTS NATURELS !
LE MIEN C'EST PÊCHE ROSE ET POMME BLEUE, AHAH COIN COIN !
HMM, À TOMBER !
MOI AUSSI J'AI PRIS DES JUS DE FRUITS, MAIS GENRE GOYAVE, MANGUE, LITCHI OU CARAMBOLE !
JESS A APPORTÉ DES SIROPS !
POC
ET AVEC LALY, ON A FAIT UN ASSORTIMENT DE BOUTEILLES D'EAU ! PLATE, MINÉRALE, GAZEUSE, SEMI-GAZEUSE, GAZEUSE-QUI-ARRACHE ET TOUT ÇA !
N'EMPÊCHE, ON EST AU TOP NIVEAU ORGANISATION, LES COP'S ! AVEC TOUT CE QU'ON A RAMENÉ À BOIRE, ON PEUT TENIR TOUTE LA JOURNÉE !
...ET ON N'AURA PAS BESOIN DE FAIRE LA QUEUE À LA BUVETTE DE LA PLAGE !
CECI DIT, ON SERA QUAND MÊME OBLIGÉES DE LA FAIRE, LA QUEUE...
?
IL N'Y A QU'UN SEUL WC SUR CETTE PLAGE !
SUPER IDÉE D'AVOIR AMENÉ À BOIRE, TIENS !
W.C

Soirée pizza

Soirée Pizza

La pizza tomate-fromage, on connaît. Mais celles aux ravioles, au magret ou à la moussaka, on a juste envie de découvrir…

Temps de préparation de la pâte : 15 min
Temps de repos : 1 à 2 heures
Cuisson : 12 à 15 min
Difficulté : facile

INGRÉDIENTS

La pâte pour 4 petites pizzas ou 2 grandes :

- 500 g de farine
- ½ sachet de levure de boulanger instantanée (4 g)
- 210 ml d'eau tiède
- 2 cuil. à soupe d'huile d'olive
- 2 cuil. à café de sel
- ¼ de cuil. à café de miel

La garniture pour 1 petite pizza magret :

- 50 g de magret séché en tranches (ou de jambon cru)
- 150 g de bûche de chèvre
- 45 g de crème fraîche épaisse
- 50 g de fromage râpé (emmental ou mozzarella)
- 1 poignée de roquette ou d'épinard

La garniture pour 1 petite pizza ravioles :

- 100 g de ravioles épinard-ricotta
- 60 g de crème fraîche épaisse
- 50 g de fromage râpé (emmental ou mozzarella)

LES PIZZAS

Étape 1

Dans un bol, mélange la levure, le miel, 50 g de farine, 100 ml d'eau. Laisse reposer 10 min.

Étape 2

Dans un saladier, verse le reste de farine et le sel, mélange. Ajoute le contenu du bol, l'huile, le reste d'eau et pétris pendant au moins 5 min. Couvre et laisse gonfler la pâte (1 heure ou 2 selon la température de la pièce).

Étape 3

Préchauffe le four à 210 °C. Partage la pâte en 4 pâtons. Étale-les à l'aide d'un rouleau à pâtisserie.

Étape 4

Pose-les sur une plaque à pâtisserie, ou mieux, sur une grille de cuisson perforée spéciale « pizza ». Ajoute la garniture : crème, tranches de magret, tranches de chèvre, fromage râpé. Fais cuire pendant 12 à 15 min. Sers avec de la salade.

Une autre garniture : crème, ravioles, à nouveau un peu de crème, fromage râpé. Fais cuire pendant 12 à 15 min.

Le final

Les deux pizzas croustillantes et dorées.

Les petites infos en +

- Tu aimes les pizzas fines et craquantes ? Étale bien la pâte. Tu préfères les pizzas moelleuses ? Garde une épaisseur de pâte d'environ 6 mm et prolonge un peu la cuisson.
- Organise un bar à pizzas. Prépare des pâtons, des garnitures diverses (coulis de tomate, morceaux de poivron, de champignon, de jambon, fromages variés coupés en tranches...). Chacun prépare la pizza de son choix avant de la passer au four.

LA PIZZA MOUSSAKA

Pour mettre la Grèce et l'Italie dans une même assiette.

Fais dorer 2 échalotes hachées dans une poêle huilée. Ajoute un steak haché écrasé, 120 ml de coulis de tomate, 3 pincées de noix de muscade et d'origan, 2 pincées de sel. Laisse mijoter 4 min en remuant de temps en temps. Garnis la pâte avec cette sauce, 6 tranches d'aubergine précuites, 75 g de fromage râpé. Fais cuire 15 min.

C'EST TOP QUAND C'EST CÉCILE QUI INVITE !
ET POURQUOI EST-CE QUE C'EST TOP QUAND C'EST CÉCILE QUI INVITE ?
... PARCE QU'ON SAIT QU'ON VA MANGER DE LA PIZZA !!!
AHAH, TRÈS DRÔLE, LES COP'S... MAIS EN FAIT VOUS AVEZ TOUT FAUX !
LA SURPRISE DE L'ANNÉE !
J'AI CUISINÉ COMME UNE DINGO ! J'ÉTAIS EN MODE "JE VAIS TOUT DÉCHIRER", ALORS J'AI ZONÉ SUR LES MEILLEURS FORUMS POUR TROUVER DES RECETTES À TOMBER !
DIS-NOUS CE QUE TU AS PRÉPARÉ !
AU MENU, MAGRET DE CANARD GRILLÉ, MOUSSAKA TRADITIONNELLE ET GRATIN DE RAVIOLES !
GAHHH !
À TABLE, LES COP'S ! LE MIAM-MIAM DE CHEF CÉCILE EST CHAUD !
?
SI SI, CÉCILE, TA PIZZA À LA MOUSSAKA EST TRÈS BONNE...
MAIS ON VEUT JUSTE TE DIRE QUE TU N'ES PAS OBLIGÉE DE TOUT CUISINER SUR DE LA PÂTE À PIZZA !
PAREIL POUR CELLE AU GRATIN DE RAVIOLES...
AH BON ?

Le plateau télé

Temps de préparation des mini-sandwichs : 45 min
Temps de repos : 1 à 2 heures
Cuisson : 15 à 18 min
Difficulté : moyennement facile

INGRÉDIENTS

La pâte pour environ 17 mini-sandwichs :

- 350 g de farine
- 1 cuil. à café bombée de levure de boulanger instantanée
- 80 ml d'eau tiède
- 100 ml de lait
- 30 g de beurre
- 1 œuf + 1 jaune pour dorer
- 1 cuil. à café de sel
- 1 cuil. à café de sucre

Temps de préparation du cake : 15 min
Cuisson : 55 min
Difficulté : très facile

INGRÉDIENTS

Le cake comté-jambon :

- 1 yaourt
- 3 œufs
- 3 pots de farine
- ½ pot d'huile
- ½ sachet de levure chimique
- ¼ de cuil. à café de sel
- 100 g d'emmental râpé
- 150 g de comté
- 70 g de jambon cru
- 1 tomate

Le plateau télé (qui fera oublier la télé)

La soirée plateau télé parfaite : des mini-sandwichs trop trop bons, quelques tranches du meilleur cake du monde, des cop's et une super série...

LES MINISANDWICHS

Étape 1

Dans un bol, mélange la levure, 1 cuil. à soupe de sucre, 50 g de farine, 80 ml d'eau. Laisse reposer 10 min. Verse le lait dans une casserole, ajoute le beurre, fais fondre à feu doux.

Étape 2

Dans un saladier, verse le reste de farine et de sucre, le sel, mélange. Ajoute dans l'ordre, en remuant à chaque fois, la levure diluée, le beurre fondu dans le lait, l'œuf. Pétris cette pâte pendant au moins 5 min. Couvre et laisse gonfler (1 heure ou 2 selon la température de la pièce). Préchauffe le four à 180 °C.

Étape 3

Partage la pâte en 17 pâtons (environ). Façonne des petits pains de 6 à 7 cm de long. Badigeonne-les de jaune d'œuf. Fais cuire pendant 15 à 18 min. Laisse-les refroidir avant de les garnir.

LE CAKE COMTÉ-JAMBON

Étape 1

Préchauffe le four à 200 °C. Dans un saladier, verse dans l'ordre, en mélangeant à chaque fois, le yaourt (utilise ensuite son pot vide), les œufs, la farine, la levure, le sel et l'huile.

Étape 2

Coupe en petits morceaux le comté, le jambon, la tomate.

Étape 3

Ajoute à la pâte l'emmental, le comté puis le jambon et la tomate. Verse dans un moule à cake recouvert de papier cuisson. Fais cuire 55 min.

Le final

Les petites idées en +

Des idées de garniture pour les mini-sandwichs :

- crème + aneth + saumon fumé + pulpe de citron
- roquefort écrasé avec crème + cerneaux de noix
- avocat écrasé avec jus de citron, sel + lamelles de pomme
- fromage de chèvre écrasé avec mascarpone + jambon cru

Un autre cake super bon ?

LE CAKE FETA-OLIVES-TOMATES CONFITES

Remplace le comté par du fromage feta, le jambon par 40 g d'olives vertes dénoyautées + 60 g de tomates confites (coupées en petits bouts). Le reste de la recette est identique.

HELLO RONA !
PRÊTE POUR FAIRE LES COURSES ?
BAH, COMME JE SUIS ARRIVÉE UN PEU PLUS TÔT, J'AI PRIS CE QU'IL FALLAIT !
DÉJÀ ?
OUI, MAIS ÇA NOUS LAISSE PLUS DE TEMPS POUR TOUT PRÉPARER !
J'AI TROP HÂTE !!!
ON FAIT QUOI, JESS ? ON VA CHEZ TOI ?
YEP ! AUX FOURNEAUX, LES COPS !
TROP SYMPA, TA MÈRE, DE NOUS LAISSER SA CUISINE, JESS !
ÇA TOMBE BIEN, ILS SONT INVITÉS DE LEUR CÔTÉ !
CHEZ MES PARENTS, UHUH !
ALORS ? QU'EST-CE QU'ON VA CUISINER ?
DES PETITS PLATS SALÉS POUR LA SOIRÉE PLATEAU TV, COMME ON AVAIT DIT !
TU N'AS PAS FAIT LES COURSES ?
BIEN SÛR QUE SI !
J'AI PRIS LE PLUS GROS SAC DE SEL QUE J'AI TROUVÉ ! ILS SONT OÙ, TES PETITS PLATS ?
SEL

Bar à pancakes

Bar à pancakes

Rien de plus simple. On pose sur la table une grosse pile de pancakes et tout autour, plein de délicieuses garnitures. Et on se régale.

Temps de préparation des pancakes : 10 min
Temps de repos : au moins 10 min
Cuisson : 4 min/pancake
Difficulté : moyen

INGRÉDIENTS

Pour une quinzaine de pancakes :

- 300 g de farine
- 1 sachet de sucre vanillé
- 1 cuil. à soupe de sucre
- 2 cuil. à café de levure chimique
- ¼ de cuil. à café de sel
- 3 œufs
- 40 g de beurre fondu
- 375 ml de lait
- 1 yaourt
- un peu d'huile pour la cuisson

LA GARNITURE

Pour le chocolat fondu :

- 80 g de chocolat pour pâtisserie
- 20 ml de lait
- 40 ml de crème liquide
- 120 ml d'eau
- 15 g de sucre

Pour décorer :

- Fruits : banane, clémentine, fruits rouges…
- Décor : cassonade, bonbons colorés, poudre de noisette…
- Douceurs : sirop d'érable, miel, confiture…

LES PANCAKES

Étape 1

Mélange la farine, les sucres, la levure et le sel.

Étape 2

Ajoute dans l'ordre, en remuant à chaque fois, les œufs, le beurre fondu tiède, le lait et le yaourt. Laisse reposer au moins 10 min.

Étape 3

Fais chauffer une petite poêle légèrement huilée, dépose 4 cuil. à soupe de pâte, laisse cuire à feu moyen pendant 2 min, jusqu'à ce que des petites bulles se forment. Retourne, prolonge la cuisson 2 min de plus.

LA GARNITURE

Étape 4

Dans une casserole, casse le chocolat en morceaux, ajoute l'eau, le lait, la crème, le sucre. Fais fondre à feu doux pendant 10 min, en mélangeant régulièrement. Verse dans une saucière.

Étape 5

Prépare des rondelles de banane, une assiette de fruits rouges, des quartiers de clémentine... ainsi que diverses douceurs et petits décors sucrés.

Le final

Les petits conseils

- Une déco facile, rapide et sympa ? Fais comme Mélanie : recouvre la table (bien protégée pour ne pas l'abîmer...) de papier kraft et utilise un gros marqueur pour noter l'emplacement de tous les éléments.
- Parfume et colore les pancakes en ajoutant 5 cuil. à soupe de cacao non sucré dans la pâte.
- Cuis les pancakes plus rapidement : utilise deux poêles, la pâte est versée et cuite sur une face dans une première poêle puis retournée et déposée dans une seconde pour cuire l'autre face. On va deux fois plus vite !

L'IDÉE DÉCO

À l'aide de petits verres retournés, découpe des cercles dans les pancakes. Prépare ensuite des brochettes en alternant des morceaux de fruits et de pancakes. Saupoudre de sucre glace.

TU NE VEUX VRAIMENT PAS QUE JE T'AIDE, MÉLANIE ?
NOPE JESS ! C'EST MOI QUI AI EU L'IDÉE DU BAR À PANCAKES, C'EST MOI QUI PRÉPARE !
JUSTEMENT...
RHAAA ! IL EST CRAMÉ !
NON MAIS NON !
OUGH !
YEAH ! RÉUSSI !!!
VOILÀ LE PANCAKE, LES COP'S !
COMMENT ÇA "LE" PANCAKE ?
JE T'AI DIT QU'ELLES EN VOUDRAIENT PLUSIEURS, MÉLANIE !
PFFF... PENSENT QU'À MANGER...

Des douceurs pour une sweet table

Temps de préparation des muffins au chocolat : 15 min
Cuisson : 30 min
Difficulté : facile

INGRÉDIENTS

Pour 6 gros muffins ou 12 petits :

- 125 g de farine
- 50 g de cacao
- 1 cuil. à café de levure
- ½ cuil. à café de bicarbonate de sodium alimentaire
- 3 pincées de sel
- 2 œufs
- 125 g de sucre
- 50 cl d'huile
- 1 yaourt
- 150 g de pépites de chocolat
- caissettes en papier, moule à muffins

Temps de préparation des marshmallows multicolores : 30 min
Cuisson : 10 min
Difficulté : moyennement facile

INGRÉDIENTS

Pour 8 friandises :

- 150 g de chocolat pour pâtisserie
- 8 marshmallows
- décors sucrés divers (perles, vermicelles, poudre de noisette...)
- piques en bois de taille moyenne

Des douceurs pour une sweet table

Gourmandises, petits délices, les stars du buffet de Mélanie (que tu retrouveras page 39) sont là !

LES MUFFINS AU CHOCOLAT

Étape 1

Dans un premier saladier, mélange la farine, le cacao, la levure, le bicarbonate et le sel. Dans un second, bats au fouet les œufs, le sucre, l'huile, le yaourt. Préchauffe le four à 190 °C.

Étape 2

Mêle le contenu des deux saladiers sans trop remuer (il peut rester quelques grumeaux). Ajoute 120 g de pépites, garde le reste pour la décoration.

Étape 3

Place les caissettes dans le moule. Répartis la pâte à l'intérieur. Ajoute le reste de pépites. Fais cuire pendant 10 min à 190 °C puis diminue la température à 170 °C et prolonge la cuisson de 20 min (seulement 15 min pour des petits muffins).

LES MARSHMALLOWS MULTICOLORES

Étape 1

Fais fondre le chocolat au bain-marie (dans une casserole elle-même posée dans une autre, à moitié remplie d'eau).

Étape 2

Plante un marshmallow sur une pique en bois. Recouvre-le à moitié de chocolat fondu.

Étape 3

Enrobe-le de décors sucrés. Laisse durcir sur une grille posée sur une assiette.

Le final

Les petites infos en +

- Pour des muffins différents, remplace le cacao par des myrtilles, des morceaux de banane, de l'orange confite... Décore avec du sucre en grains, des morceaux de noisettes...
- À la place des marshmallows, recouvre de chocolat des morceaux de fruits (quartiers de clémentine, petites fraises, bouts de pomme...).

LES VERRINES SIMPLISSIMES

Dans un petit verre, dépose une cuil. à café de muesli, un ou deux fruits rouges, 2 cuil. à café de fromage blanc légèrement sucré. Décore avec un fruit rouge.

MURIELLE N'A PAS SOUVENT DES IDÉES GÉNIALES, MAIS LÀ JE DOIS AVOUER QU'ELLE M'A BLUFFÉE !
COMMENT EST-CE QU'ELLE APPELLE ÇA DÉJÀ ?
LE CAKE SUPRÊME PARTICIPATIF, AHAH !
OUI VOILÀ, CHACUNE APPORTE UN INGRÉDIENT ET C'EST ELLE QUI PRÉPARE !
MOI J'AI LA LEVURE !
LA FARINE !
LES ŒUFS !
ET DU SUCRE !
QUANT À L'INGRÉDIENT "SECRET", C'EST MURIELLE QUI S'EN CHARGE !
VOUS SAVEZ À QUOI EST-CE QU'IL VA ÊTRE, D'AILLEURS, CE CAKE ?
NON, ON SAIT JUSTE QUE C'EST UNE RECETTE SECRÈTE DE SON ARRIÈRE-GRAND-MÈRE QU'ELLES SE TRANSMETTENT DE MÈRE EN FILLE !
GENRE, SI ELLE NOUS LA DONNE, ELLE EST AUSSITÔT CHANGÉE EN STATUE DE PIERRE !
CHBEUNG
OH OH... TEXTO DE MURIELLE : "PEUX PAS VENIR, COINC À LA MAISON, DSLÉE LES COP'S".
MUMU NE VIENT PAS ?
COMMENT EST-CE QU'ON VA FAIRE ?
PAS DE PANIQUE, LES COP'S ! ON PEUT SE PASSER DE LA RECETTE !
MÉLANIE A RAISON, ÇA DOIT PAS ÊTRE COMPLIQUÉ À FAIRE, UN CAKE SUPRÊME !
SUCRE
QUELQU'UN REPREND DE LA FARINE ?
NAN MERCI... J'AI PAS FINI MA LEVURE...
SUCRE

Une fête à faire peur

Une fête à faire peur

Et si on se faisait peur ? Quelques recettes effrayantes, un décor inquiétant et c'est parti pour une fête à faire trembler les copines... Ou juste à les faire rire mais c'est déjà très bien.

INGRÉDIENTS

Pour une vingtaine de doigts :

- 45 g de beurre mou
- 25 g de sucre glace
- 1 jaune d'œuf
- 80 g de farine
- une dizaine d'amandes émondées
- 2 cuil. à soupe de confiture de fraise ou framboise

Pour un gros gâteau-chat, soit une dizaine de personnes :

- 300 g de chocolat pour dessert
- 6 œufs
- 190 g de beurre + un peu pour les moules
- 120 g de sucre
- 150 g de farine
- ½ sachet de levure chimique
- 3 pincées de sel

Pour la décoration du gâteau au chocolat :

- 200 g de chocolat pour dessert
- 150 cl de crème liquide
- 3 biscuits secs ou nougats caramel-sésame
- 4 petits gressins

LES DOIGTS COUPÉS

Étape 1

Dans un saladier, bats à la fourchette le beurre mou et le sucre glace puis le jaune d'œuf. Verse la farine, mélange encore. Laisse reposer la pâte 30 min au frais. Préchauffe le four à 170 °C.

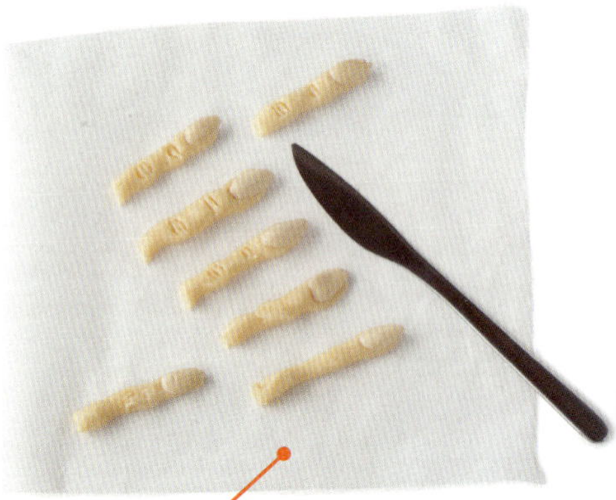

Étape 2

Façonne vingt bâtonnets d'environ 6 cm de long. Tranche une de leur extrémité pour qu'elle soit nette. Fixe une demi-amande à l'autre. Avec un couteau, trace des traits pour figurer les phalanges. Fais cuire 15 à 20 min.

Étape 3

À l'aide d'un pinceau, décore la base des doigts et le contour des ongles avec de la confiture.

Le final

LE GÂTEAU-CHAT

Étape 1

Préchauffe le four à 180 °C. Fais fondre le beurre et le chocolat. Ajoute dans l'ordre, en mélangeant à chaque fois, les œufs, le sucre, la farine, la levure, le sel. Verse la pâte dans deux moules ronds beurrés d'environ 15 cm. Fais cuire 35 min.

Étape 2

Fais chauffer la crème. Hors du feu, ajoute le chocolat en morceaux. Laisse fondre 15 min. Mélange.

Étape 3

Si nécessaire, recoupe le sommet des gâteaux pour qu'ils soient bien plats. Étale une épaisse couche de crème entre les deux puis recouvre-les en lissant. Décore avec les biscuits recoupés et les gressins.

Le final

La recette bonus...

LES COOKIES-CHATS AU BEURRE DE CACAHUÈTE

Pour une vingtaine de cookies, préchauffe le four à 180 °C, mélange dans l'ordre : 50 g de beurre mou, 150 g de cassonade, 1 sachet de sucre vanillé, 1 œuf, 150 g de farine, 1 cuil. à café de bicarbonate de sodium, 4 cuil. à soupe de beurre de cacahuète. Forme des boules de la taille d'une grosse noix, pose-les sur du papier cuisson, aplatis-les un peu et fais-les cuire 14 min. Dessine des têtes de chat avec du chocolat fondu et des petits bonbons verts.

Les petits conseils

- L'invitation sera très « booooh » : le modèle donné p. 5 peut être décliné en fantôme, vampire ou autres monstres.
- Déguisements obligatoires ! On choisit du blanc, du noir, du rouge, du mauve ou de l'orange. Avec un maquillage effrayant, évidemment. Et pour ceux qui n'ont pas osé jouer le jeu, une caisse d'accessoires peut être proposée.
- La playlist « spéciale frousse » : efficacité absolue avec les BO des films d'horreur classiques *(Freddy, Les Dents de la mer, Psychose, L'Exorciste...)*.
- La déco : fausses toiles d'araignées, tissus noirs, orange et mauves, fantômes (un ballon blanc, des yeux et un nez en papier noir scotché, du voilage), des banderoles chats noirs (têtes découpées dans du papier cartonné noir, yeux évidés, fixés sur une guirlande lumineuse)... ou même de (faux !) membres coupés, des traces sanguinolentes... à adapter selon la sensibilité des convives !
- Des boissons : un mélange de jus ou de sirop de fruits rouges auquel on ajoute des groseilles (globules et compagnie) ou des litchis garnis de grains de raisin (les yeux de l'horreur).
- Certaines activités sont particulièrement adaptées à ce thème (voir p. 8-9) : les histoires à faire peur, le Charlie Charlie Challenge, la boîte mystère...

BONS ET (PRESQUE) EFFRAYANTS

WOW ! T'ES CANON EN SUPERGIRL, JESS !
TU SAIS, JE SUIS SURTOUT LÀ POUR SAUVER LE MONDE, PAS POUR ÊTRE JOLIE, UHUH !
MOI JE ME SUIS DÉGUISÉE EN ELASTIGIRL MAIS J'ARRÊTE PAS DE MARCHER SUR MES BRAS ET DE ME CASSER LA FIGURE !
M'ÉNERVE !
LÀ MÊME SUPERGIRL NE PEUT RIEN POUR TOI...
TU SAIS S'IL Y A UN THÈME CE SOIR ?
VU QU'ON EST LE SOIR D'HALLOWEEN, JE DIRAIS QUE LE THÈME DOIT ÊTRE...
EUH... LAISSE-MOI RÉFLÉCHIR, HALLOWEEN !
C'EST MALIN ÇA ! JE SAIS QUE C'EST HALLOWEEN, MAIS COMME C'EST SANDRINE QUI REÇOIT ET QU'ELLE ADORE S'OCCUPER DE LA DÉCO...
J'AI VU LALY ET RONA ENTRER JUSTE AVANT NOUS, ON DEVRAIT LES ENTENDRE RÉAGIR !
GNÉ ? HEUUU...
?
?
AHHHHHHHHHHHHHHHHH!
DONC, C'EST DÉCO ZOMBIE !
JE NE SAIS PAS SI JE N'AURAIS PAS DÛ LE JOUER MOINS RÉALISTE...

Le gâteau suprême

Temps de préparation : 30 min
Cuisson : 35 min
Difficulté : facile

INGRÉDIENTS

Pour un gâteau d'environ 8 parts :

- 7 œufs
- 210 g de farine
- 225 g de sucre
- ½ sachet de levure chimique

GARNITURE

La crème

- 40 cl de crème liquide très froide
- 200 g de mascarpone très froid
- 7 cuil. à soupe de sucre glace + un peu pour le décor

Les décors

- 1 verre de jus d'orange
- 600 g de fruits rouges divers (fraises, framboises, myrtilles, mûres...)
- 50 g de petites meringues
- 2 branches de menthe

Le gâteau suprême (et facile à réaliser)

Le plus beau, le plus savoureux, le plus... « waouh » de tous les gâteaux, c'est celui-là...

LE GÂTEAU

Étape 1

Préchauffe le four à 180 °C. Casse les œufs en séparant les blancs des jaunes. Dans un grand saladier, fouette les jaunes avec le sucre. Bats les blancs en neige.

Étape 2

Mélange la farine et la levure. Mêle les trois préparations en ajoutant alternativement un peu de farine et un peu de blanc dans le grand saladier.

Étape 3

Beurre deux moules d'environ 22 cm de diamètre. Recouvre leur fond d'un cercle de papier cuisson. Verses-y la pâte. Fais cuire 35 min.

Étape 4

Démoule les biscuits lorsqu'ils ont refroidi. Décolle les fonds de papier. Coupe les gâteaux en deux dans l'épaisseur. Badigeonne les parties coupées avec le jus d'orange.

LA GARNITURE

Étape 5

Verse la crème et le mascarpone dans un saladier. Bats-les jusqu'à ce que cette crème ait l'aspect d'une chantilly (après environ 4 min). Ajoute le sucre glace.

Étape 6

Sur chaque moitié de biscuit, répartis de la crème, des fruits et des bouts de meringue. Termine par de la crème, des fruits, des meringues entières et des feuilles de menthe. Saupoudre un peu de sucre glace.

Le final

Les petites infos en +

- Cette douceur est un classique aux États-Unis où l'on raffole de ces « nude cakes » (gâteaux nus en français). Pas de décors chargés, pas de glaçage, juste une grande simplicité qui permet d'en admirer toutes les couches.
- Le seul inconvénient de ce gâteau presque parfait : il ne se conserve pas. Le biscuit peut être fait la veille mais une fois monté, il doit être consommé rapidement.
- Sur le même principe on peut choisir d'autres garnitures, toujours légères et naturelles : des fruits de saison (raisins, figues, agrumes...) des fleurs comestibles (capucines, roses, violettes...), de la confiture...

SUBLIMER UN GÂTEAU TOUT SIMPLE

En panne de déco ? Adopte l'idée « cake topper ». Deux piques en bois, un joli motif à fabriquer et l'effet est assuré. Ici, sur un gâteau abricot/crème au citron, on a ajouté un arc-en-ciel pastel. Les éléments (demi-cercles, nuages, étoiles) ont été découpés dans du papier cartonné de différentes couleurs puis assemblés avec de la colle. Un peu de ruban adhésif pour maintenir sur les piques et c'est tout ! À planter sur le gâteau au dernier moment.

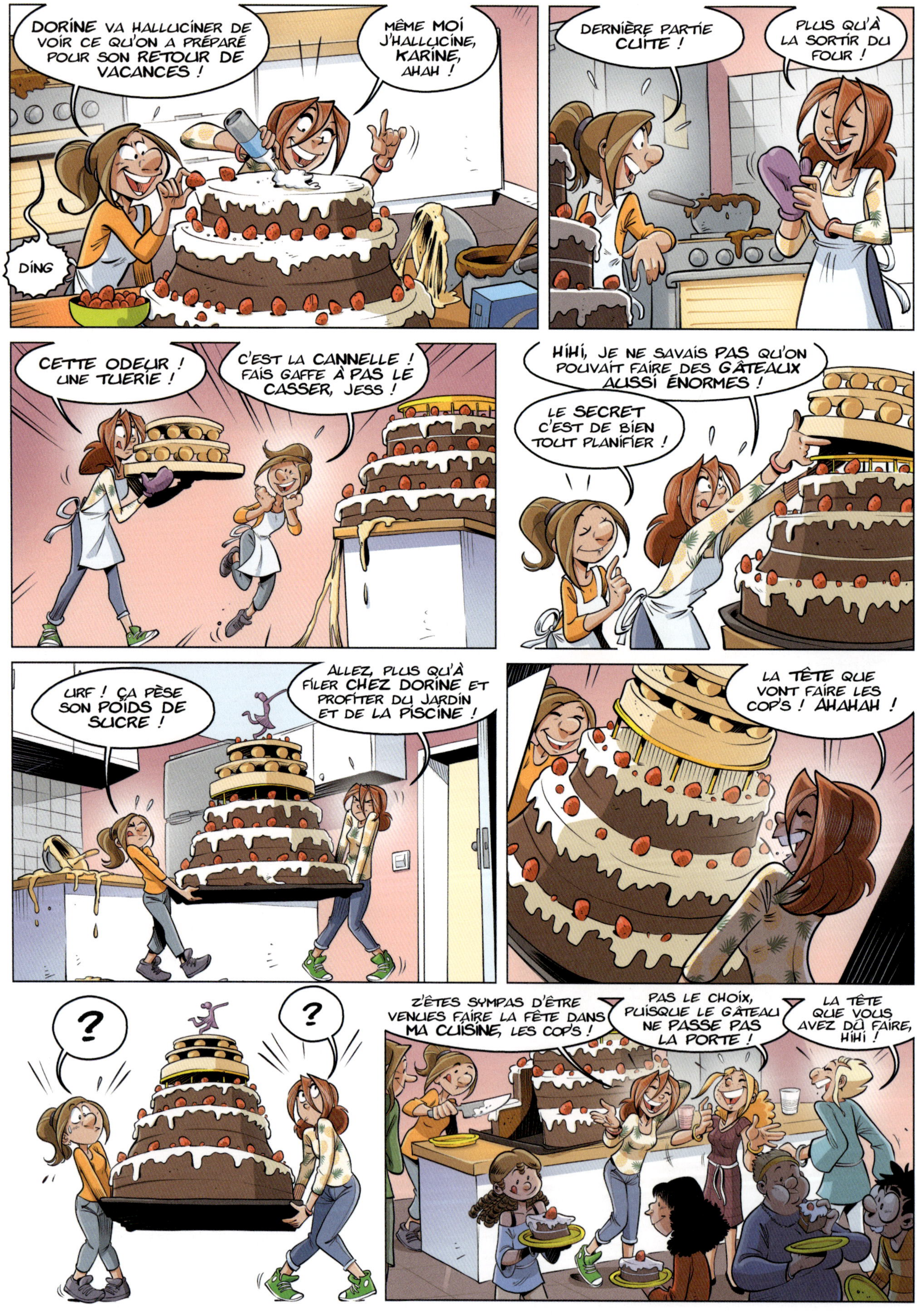
DORINE VA HALLUCINER DE VOIR CE QU'ON A PRÉPARÉ POUR SON RETOUR DE VACANCES !
MÊME MOI J'HALLUCINE, KARINE, AHAH !
DING
DERNIÈRE PARTIE CUITE !
PLUS QU'À LA SORTIR DU FOUR !
CETTE ODEUR ! UNE TUERIE !
C'EST LA CANNELLE ! FAIS GAFFE À PAS LE CASSER, JESS !
HIHI, JE NE SAVAIS PAS QU'ON POUVAIT FAIRE DES GÂTEAUX AUSSI ÉNORMES !
LE SECRET C'EST DE BIEN TOUT PLANIFIER !
URF ! ÇA PÈSE SON POIDS DE SUCRE !
ALLEZ, PLUS QU'À FILER CHEZ DORINE ET PROFITER DU JARDIN ET DE LA PISCINE !
LA TÊTE QUE VONT FAIRE LES COP'S ! AHAHAH !
?
?
Z'ÊTES SYMPAS D'ÊTRE VENUES FAIRE LA FÊTE DANS MA CUISINE, LES COP'S !
PAS LE CHOIX, PUISQUE LE GÂTEAU NE PASSE PAS LA PORTE !
LA TÊTE QUE VOUS AVEZ DÛ FAIRE, HIHI !

Décor de table

Décor de table

Une sweet table, ça t'inspire ? Le principe est simple : elle doit être colorée, gourmande, belle et pleine de douceurs. Pioche parmi les idées de Mélanie pour décorer la tienne...

MATÉRIEL

Le topper-chien

- 1 feuille de papier carrée de 7,5 cm de côté
- 1 feutre noir
- 1 pique en bois de 15 cm
- 1 marshmallow
- ruban adhésif

Le cornet

- 1 feuille de papier carrée de 20 cm de côté
- crayon, règle

La pièce montée de marshmallows

- 1 cône en polystyrène de 24 cm de hauteur
- 1 gros paquet de marshmallows
- pique-olives en bois

Le présentoir

- 2 assiettes blanches de taille différente
- 1 verre en carton blanc
- masking tape de couleurs variées

La guirlande de fanions

- pour une guirlande d'une quarantaine de petits fanions
- 20 feuilles de papier de 20 cm x 16 cm, de couleurs et motifs variés.
- 2,5 m de ficelle
- crayon, colle, règle

Décoration générale

- 1 nappe en papier colorée
- 6 petites bouteilles, pailles
- 6 ballons multicolores attachés à des brochettes en bois
- 2 vases
- plats blancs
- 1 vingtaine de feuilles aux motifs variés (pour les fanions-drapeaux collés autour de la table)
- muffins (recette p. 28)
- marshmallows multicolores (recette p. 29)
- verrines aux fruits rouges (recette p. 29)
- bonbons, fruits, pop-corn...
- quelques branches ou fleurs

LE TOPPER-CHIEN

Étape 1 : Forme un triangle en pliant la feuille en deux.

Étape 2 : Plie les deux angles du grand côté vers le bas.

Étape 3 : Plie une épaisseur du bout du dernier angle puis dessine le museau et les yeux.

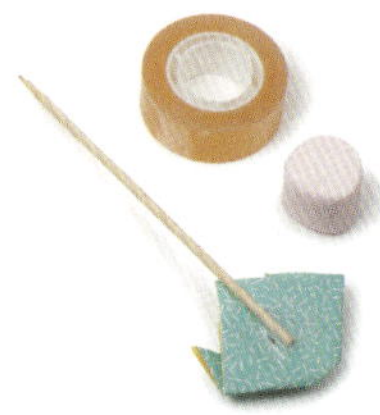

Étape 4 : Fixe le pliage sur la pique, avec du ruban adhésif, plante-la dans le marshmallow.

LE CORNET

Étape 1 : Forme un triangle en pliant la feuille en deux. Trace 4 marques, chacune à 12 cm des deux angles identiques.

Étape 2 : Plie ces deux angles en suivant ces marques.

Étape 3 : Rabats le dernier angle, sur une seule épaisseur.

Étape 4 : Ouvre le cornet et remplis-le de pop-corn ou de bonbons.

LA PIÈCE MONTÉE

Étape 1 : Pique les marshmallows tout autour du cône à l'aide de pique-olives.

Étape 2 : Place le cône recouvert sur un joli support. Attention, pour déguster, on laisse les piques sur le cône !!!

LE PRÉSENTOIR

Étape 1 : Décore le verre avec des morceaux de masking tape.

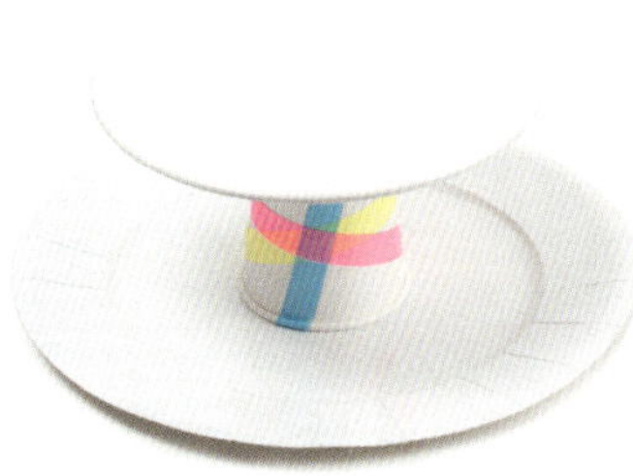

Étape 2 : Place-le entre deux assiettes, côté large vers le bas.

LA GUIRLANDE DE FANIONS

Étape 1 : Forme des rectangles de 10 cm x 16 cm en pliant les feuilles en deux.

Étape 2 : Sur chaque feuille, trace deux triangles dont le petit côté fait 8 cm.

Étape 3 : Découpe (tu peux découper plusieurs feuilles à la fois). Tu obtiens 2 losanges.

Étape 4 : Prépare un morceau de ficelle de la taille souhaitée. Colle l'une sur l'autre les deux parties des losanges en plaçant la ficelle au centre. Alterne les motifs.

Les petites infos en +

« Sweet table », en anglais, ça signifie « table sucrée ». C'est donc un buffet de douceurs, préparé à l'occasion d'une fête. Parfait pour le goûter ou pour le dessert.

Les 7 règles d'or pour une table très « sweet » :

1) Symétrie indispensable : les deux côtés de la table sont organisés en « miroir », avec un élément central volumineux au milieu (une pièce montée de marshmallows, c'est parfait).

2) Une jolie nappe.

3) Harmonie de tons : pas plus de trois couleurs principales. Mélanie a choisi le jaune, le bleu et le rose.

4) Des beaux plats, bocaux, supports pour présenter bonbons, biscuits, pop-corn...

5) La boisson est servie dans de jolies bouteilles.

6) Des toppers, drapeaux, fanions pour décorer les plats, le mur et le tour de table.

7) Les ballons, quasi indispensables, en bouquet ou fixés tout autour.

Un thème présent un peu, beaucoup, passionnément... Ici, des chiens tout mignons...

BRRR... T'EN AS POUR LONGTEMPS, KARINE ?
NON, JE CROIS QUE C'EST BON !
ÇA VA ÊTRE TROP ORIGINAL COMME DÉCO ! LES COP'S VONT HALLUCINER ! PIS DÉCORER SA TABLE AVEC DES ÉLÉMENTS NATURE, C'EST TOP TENDANCE !
DES BRANCHAGES, QUELQUES PIGNES DE PIN, DE LA MOUSSE, DES NOISETTES... ET REGARDE-MOI CES FEUILLES ! J'SUIS FAN !
SI TU LE DIS !
ATTENDS, ENCORE DEUX TROIS FLEURS POUR POSER SUR LES SERVIETTES !
T'EN AS PAS DÉJÀ CUEILLI, DES SERVIETTES SAUVAGES ? UHUH !
ET MAINTENANT ! ON DÉCORE !!!
ÇA ICI...
VOILÀ...
LÀ... TAC... COMME ÇA...
UN PEU DE MOUSSE... HOP !
J'ADORE !
TU CROIS QUE J'AI OUBLIÉ QUELQUE CHOSE, JESS ?
OUI !
...VIRER LES INSECTES !
???

Changement de décor

MATÉRIEL

Banderole

Pour 1 banderole de 10 lettres :
- 5 feuilles format A4 avec motifs
- 5 feuilles format A4 blanches
- 3 feuilles un peu épaisses, format A4 couleur unie
- 5 rubans de 50 cm
- colle, ciseaux

Serpentin

Pour 2 serpentins :
- 1 feuille un peu épaisse, format A4 couleur unie
- ciseaux, règle

Boule multicolore

- 1 guirlande LED multicolore non clignotante
- 1 petite boule chinoise en papier
- ficelle

Changement de décor

Le but ? Mettre tout de suite dans l'ambiance. On est là pour s'amuser... La contrainte ? Savoir faire simple, efficace et bien sûr, éviter les fautes de goût.

UN THÈME BIEN CHOISI

Il va naturellement orienter la décoration de la pièce. Ce peut être à travers une couleur, une ambiance (Bohème chic/voilages et coussins, Hollywood/paillettes et fluo, Vampire/rouge et noir...), un objet (Émoticônes/cercles jaunes découpés et dessinés, Ciel étoilé/étoiles de toutes les couleurs...). D'autres idées de thèmes à retrouver p. 47

ÉCONOMIQUE ET FACILE À PRÉPARER

Souvent, il suffit de regarder dans les placards pour trouver des idées. De grands draps pour recouvrir les murs, les meubles ou les fenêtres, des coussins en guise de sièges, des papiers, des cartons colorés pour fabriquer une mise en scène... L'essentiel est déjà là !

L'ÉCLAIRAGE QUI VA BIEN

En journée, on tamise légèrement la lumière grâce à des voilages, si possible colorés. En soirée, on multiplie les sources d'éclairage, par exemple avec des guirlandes lumineuses enroulées autour des meubles, des miroirs ou dans des boules chinoises (voir ci-contre).

INDISPENSABLES, LES DÉCORATIONS

- ♥ Des ballons ? Oui, mais pas n'importe lesquels. Pour éviter l'effet « goûter d'enfants », on choisit une harmonie de couleurs (pas plus de 3). Par exemple, rouge/vert/bleu, pour une ambiance fraîche et printanière ; blanc/gris/mauve pour un style gothique ; rose gold/beige/gris pour une touche girly. Ils seront attachés avec une ficelle et accrochés au plafond ou sur les murs, comme on le fait avec une guirlande.
- ♥ Des confettis ? Pourquoi pas mais on évite les tout petits qui font trop « carnaval » et se glissent dans tous les coins.
- ♥ Les serpentins, ok, mais faits maison, c'est mieux (voir ci-contre).
- ♥ Des mots gentils un peu partout. Sous forme de tableaux, de posters, de lettres géantes... ou de banderoles, tellement faciles à fabriquer !

Voici un modèle « Vive la fête » à adapter selon ses envies.

LA GUIRLANDE DE FANIONS

Étape 1

Découpe les feuilles à motifs en deux puis retire un triangle pour leur donner une forme de drapeau. Dans les feuilles blanches, découpe 10 cercles d'un diamètre de 13,5 cm.

Étape 2

Dans les feuilles épaisses de couleur, trace des carrés de 10,5 cm de côté. Dessine une lettre à l'intérieur de chaque carré. Découpe-les.

Étape 3

Sur chaque demi-feuille, colle un cercle blanc puis une lettre. Découpe deux trous en haut à gauche et à droite. Passes-y les rubans. Noues-en certains entre eux pour faire des mots.

Le final

LE SERPENTIN

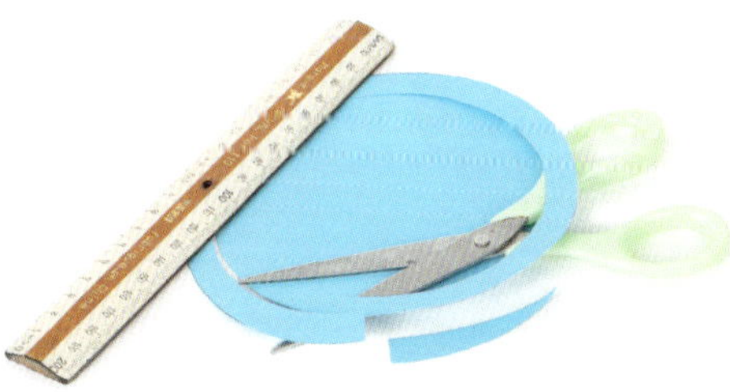

Étape 1 : Dans la feuille épaisse de couleur, découpe deux cercles de 14,5 cm de diamètre. Découpe-les en spirale en respectant à peu près le même espace de 1,2 cm (sauf au démarrage, où il faut retirer une partie).

Étape 2 : Étire le serpentin et fixe-le par la pointe.

LA BOULE MULTICOLORE

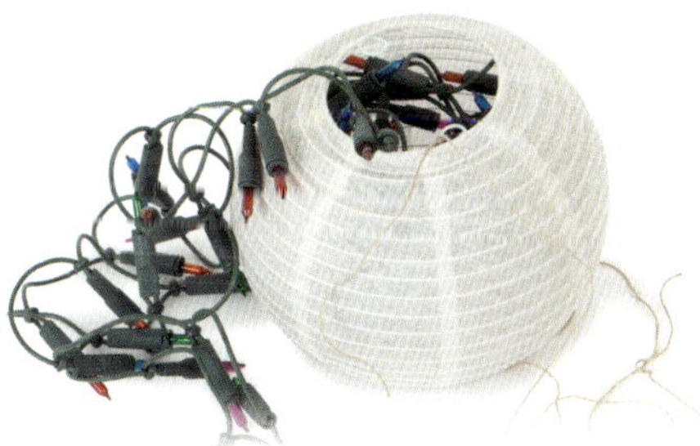

Étape 1 : Glisse la guirlande en vrac dans la boule chinoise. Noue deux morceaux de ficelle sur les attaches de la boule.

Étape 2 : Fixe-la près d'une prise électrique. Branche la guirlande.

Les petites idées en +

Une fête à l'extérieur, pourquoi pas ?

Guirlandes, fanions, coussins, tapis... la déco est tout aussi importante lorsque la fête se déroule dehors.

Une idée très « bohème-cosy » : la tente improvisée. Avec un petit côté cabane dans les bois qui plaît à tous. Il suffit de fixer à un arbre 3 grands voilages (ou draps) à l'aide d'une corde. À l'intérieur, on place tapis, coussins, carton recouvert en guise de table. Un peu de déco, de la musique, de quoi se régaler et la fête peut commencer...

Il fait froid ? Le vent souffle trop fort ? Tu n'as pas de jardin ? Là même, à l'intérieur, ça marche aussi.

...ET POUR SAMEDI SOIR, AVEC LES COP'S, JE FERAI UNE CRÊPES PARTY !
DES CRÊPES ?
TU VAS PASSER TOUT TON TEMPS À LA CUISINE, TU NE PROFITERAS DE RIEN, LALY !
AH ZUT, PAS BÊTE ÇA... SINON JE PENSAIS FAIRE PLEIN DE PETITS GÂTEAUX...
BON COURAGE ! ENTRE LES ALLERGIQUES AU GLUTEN ET AUX FRUITS ROUGES, CELLES QUI N'AIMENT PAS LA VANILLE OU QUI ONT PEUR DE GROSSIR ! GALÈRE ASSURÉE !
DES CUPCAKES, ALORS ?
SUPER IDÉE ! SURTOUT SI TU VEUX RETROUVER DE LA DÉCO POUR PÂTISSERIE CHEZ TOI PENDANT DES MOIS ! MAIS SINON, TU DIRAIS QUOI D'UNE FONDUE AU CHOCOLAT ?
BOF... J'SUIS PAS TRÈS CHOCOLAT, MOI !
EN TOUT CAS, C'EST FESTIF, FUN ET TU N'AS QUASI RIEN À PRÉPARER !
OUI C'EST VRAI... TU AS RAISON, JESS ! JE FERAI ÇA !
À SAMEDI, MISS !
MERCI POUR L'IDÉE !
ALORS JESS ?
CE SERA FONDUE AU CHOCOLAT !
BIEN JOUÉ ! PLUS AUCUNE COP NE VEUT EN FAIRE TELLEMENT C'EST SALISSANT !
T'AS RAISON ! ELLE AURA DU CHOCO DE PARTOUT, LA PAUVRE !
ÇA VA ÊTRE UN CARNAGE !

Super organisation pour fête trop cool

C'est quoi, au fond, une « super organisation » ? Un programme précis où tout est pensé à la minute près ? Non... pas vraiment... Il s'agit tout simplement d'avoir prévu quelques éléments essentiels à l'avance, le reste se fera en fonction de l'ambiance. Voici quelques conseils pour faire ce qu'il faut, le bon équilibre entre le « trop » et le « pas assez ».

CHOISIR UN THÈME QUI MOTIVE

Pas obligatoire, mais cela permet de donner un ton à la fête. Les tenues, la déco, le buffet, les activités... seront plus simples à trouver et les invités participeront plus facilement s'il y en a un.

Des idées ?

- Selon la période : horreur fin octobre, Hawaï en été, blanc en hiver, chinois en février (nouvel an chinois)...
- En lien avec la passion des invités ou de celle qui invite : les personnages d'une série ou de jeux vidéo, un animal fétiche, la nature, le chocolat... tout est permis !!!
- Avec une couleur ou un ton : fluo (on doit avoir un objet fluo sur soi, déco très fluo...), gold and pink (tout doit être rose et/ou or), black and white...
- Ou tout autre idée originale... ou pas ! Super-héros, mauvais goût, pirate, parfait opposé (s'habiller de manière totalement différente de ce que l'on fait habituellement), pyjama, zombie/vampire, twin (identiques deux par deux)...

LIMITER LE BUDGET

En déterminant à l'avance les dépenses, on évite de se lancer dans des projets trop coûteux. En déco, du papier, du carton, des ballons, des lumières bien placées suffisent souvent. Les recettes données dans ce livre sont toutes très abordables. Alors, inutile de dépenser des sommes folles !

PRÉPARER À MANGER

Du sucré, du salé, du simple, du plus élaboré, les idées ne manquent pas ici... En général, il est préférable de choisir des portions individuelles présentées en buffet plutôt qu'un gros plat compliqué à servir. Mais on ne fait pas l'impasse sur le gros gâteau super impressionnant, surtout s'il s'agit d'un anniversaire !

PRÉVOIR LA MUSIQUE

Le volume doit être suffisant, à vérifier avant ! L'idéal est de préparer une playlist, avec des morceaux variés, qui plairont à tous. Si possible, quelque chose de doux en début de fête, du rythmé et fort ensuite et vers la fin, à nouveau de la musique plus calme. Bien sûr, tout doit pouvoir être modifié en fonction de l'ambiance !

AMÉNAGER UN LIEU SYMPA ET SANS RISQUES

Ce qu'il faut ? De l'espace pour circuler, pour danser, pour jouer. Quelques chaises, mais surtout des coussins, des tapis (dans les coins et fixés au sol, pour éviter de glisser). Peu de meubles et ceux qui ne peuvent pas être déplacés seront recouverts de grands draps. Des lumières tamisées et bien placées (pas de bougies, trop dangereux). Des voisins compréhensifs (à prévenir !). Dans le jardin ? Pourquoi pas, mais s'il y a une piscine, quelqu'un doit être chargé de la surveiller en permanence.

DÉTERMINER L'HEURE

À partir de 12 ans, les fêtes démarrent souvent vers 17 h pour se finir vers 22 h. Après 16 ans, c'est plus facile de demander du 19 h-minuit... Mais d'autres horaires sont possibles. Un brunch (à partir de 11 h du matin), un repas de midi, un après-midi, on s'adapte à ses envies, à la disponibilité des invités... et à l'autorisation des parents !

PRÉPARER LES ACCESSOIRES

Le moins de vaisselle possible et de préférence en carton (incassable et écologique !), des gobelets qui doivent être assez hauts pour ne pas se renverser facilement, des serviettes en papier, des poubelles discrètement réparties et c'est tout. Inutile d'encombrer la pièce !

DEMANDER DE L'AIDE

Pour préparer, pour ranger, il ne faut pas hésiter à faire participer les invités... Le buffet même peut être composé de petits plats apportés par chacun. Ainsi, les efforts sont répartis et la fête plus agréable pour tout le monde !

PROPOSER DES ANIMATIONS, DES JEUX

En début de fête, au milieu si l'ambiance retombe un peu, à la fin pour terminer en douceur (ou pas selon les jeux...). On choisit ceux qui conviennent le mieux en se rendant pages 8-9 !

www.bamboo.fr

290 route des Allogneraies, 71850 CHARNAY-LÈS-MÂCON - **www.bamboo.fr**

PREMIÈRE ÉDITION - Dépôt légal : juin 2019 - ISBN : 978-2-8189-6772-0

Imprimé et relié en France par PPO Graphic, 91120 Palaiseau

Pour être alerté de la sortie du prochain album, rendez-vous sur **www.bamboo.fr/alerte-nouveaute**

PEFC 10-31-1800 / Certifié PEFC / Ce produit est issu de forêts gérées durablement et de sources contrôlées / pefc-france.org

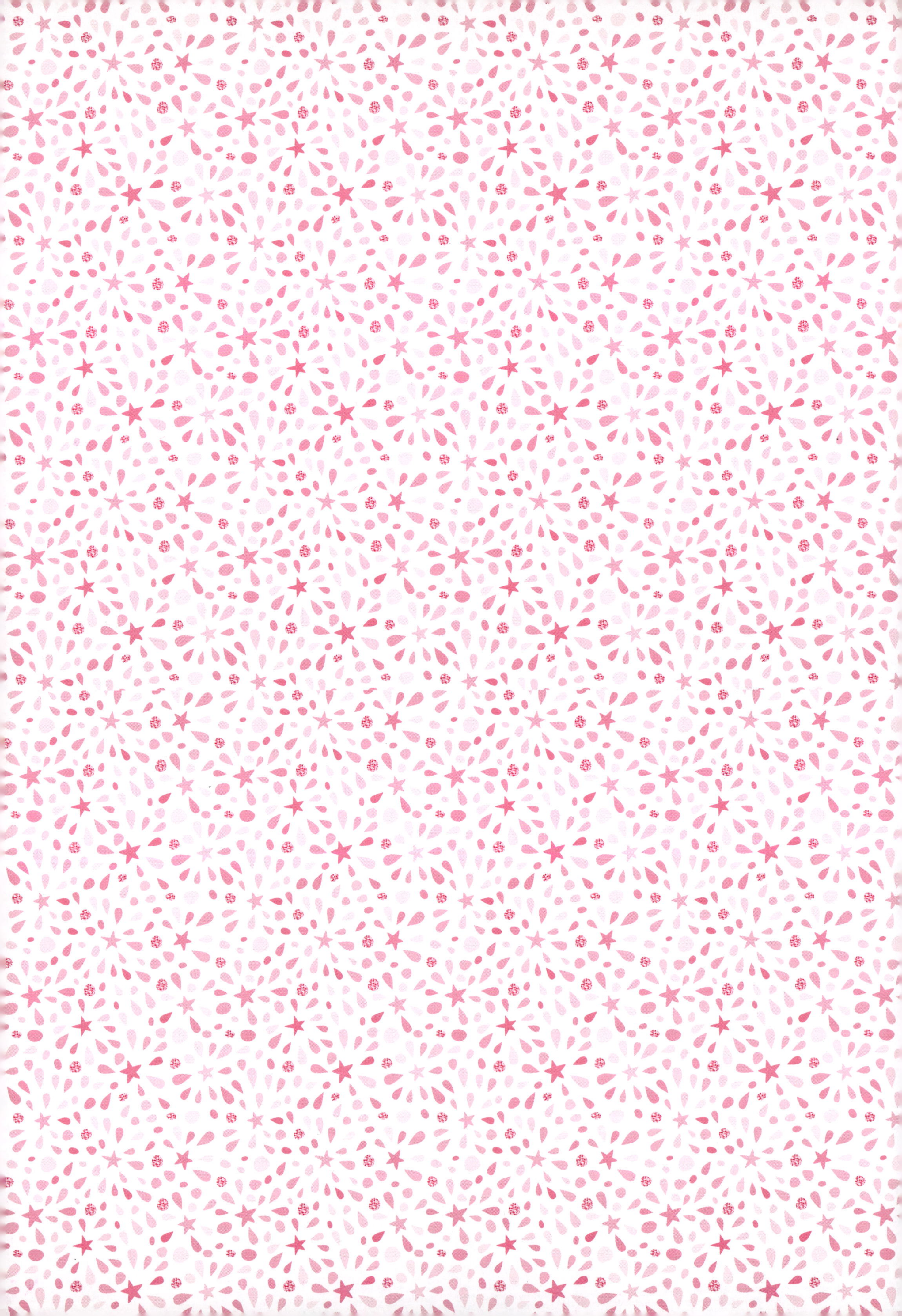